Inhalt

Eine Überraschung für Florina

Florina, die kleine  von

Glückstein, strahlt von einem

zum anderen: Juhu, bald bekommt

sie eine  mit sechs roten

darauf! Klar, dass es auf dem

wie in einem summenden

zugeht:

Der  bereitet die   vor. Der

pflückt die süßesten . Der

schneidet die schönsten  .

Und die  lässt das ganze

mit bunten   schmücken.

Nur der  sitzt betrübt auf

seinem  .

Er zerbricht sich den  über das

richtige  für seine kleine .

Florina wünscht sich keine

und keinen . Nicht mal

neue . Nein, die  möchte

etwas erleben!

Aber was? Der  grübelt.

„Wie wäre es mit einem  ?",

fragt die  . „Wir könnten auch

einen sprechenden  kommen

lassen oder ein paar  !"

„Hmm …“, macht der  ziemlich

unschlüssig. Da meldet sich Hans,

der nette   : „Ich weiß, was das

der   sicher erfreuen würde:

ein   !“

Der  staunt. „Ach, wirklich?",

fragt er. „Gut, dann lassen wir

ein  aufführen!" – „Vielleicht

den ? ", schlägt der vor.

„Einverstanden!", sagt der .

Und schon bald ist es so weit. Als

der  aufgeht und die kleine

die ersten  auf die

schweben sieht, strahlen ihre

wie  .

„Oh, ein  ! Wie schön!" Da

strahlen auch der  und die .

Und Hans, der , erst recht ...

Florina will tanzen lernen

Jetzt will die kleine  selbst

tanzen. Schnell lässt sie ihr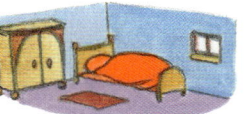

umbauen: An die eine

kommt ein großer , an die

andere  eine . Die

kleine  überlegt: Was braucht

eine  denn noch?

Ah ja! Ein zartes , eine weiße

und ! So, jetzt kann es

losgehen! Die kleine  versucht

eine . Oje, gar nicht so leicht!

Plumps, da landet Florina auf

dem .

Und ausgerechnet jetzt kommt

Hans, der  , vorbei! Die kleine

wird rot wie eine . Ob Hans sie

auslacht?

Nein, er sagt: „Wenn du eine gute

werden möchtest, musst du

eine  besuchen, Florina!" Das

sieht die kleine  ein. Der  muss

sofort in der  anrufen, um

Florina anzumelden.

Aber oje, viele andere  wollen

auch tanzen lernen. Deshalb ist

die  voll bis unters . Was

nun? Die kleine  grübelt.

Plötzlich hellt sich ihr  auf. „Ich

hab's!", ruft sie und hüpft begeistert

um den  herum. „Wenn die

zu klein ist, üben wir eben hier

im  !"

Damit sind alle einverstanden,

auch der . Und so wirbeln bald

viele kleine  im  durch

das . Und die kleine

Florina ist mittendrin ...

Rettung für Schloss Glückstein

Die kleine  schaut aus dem

und erschrickt: Vor dem lauert

ein ! Er ist so groß wie ein

und er speit ! Aufgeregt eilt die

kleine durch das . Oje,

die tragen ja alle ein und

der steigt sogar in seine !

„Der feindliche  will unser 🏰 !",

erklärt der 👑 der kleinen 👸. „Wir

müssen ihn besiegen!"

„Aber doch nicht mit dem  !",

ruft die kleine  .

Sie flüstert dem  etwas ins  .

Der  überlegt, dann nickt er:

„Gut, versuchen wir es so."

Während die kleine  in ihr

und ihre  schlüpft, lässt der

den  Hans mit seiner  rufen.

Dann stürmen Florina und Hans

den  von  Glückstein

hinauf.

Als der 🐉 die 🎻 des 👨‍🍳 hört,

blickt er auf und entdeckt die

kleine 👸. Sie lächelt und tanzt

und macht eine 🩰 nach der

anderen.

Der  ist entzückt! Er kann

seine   gar nicht von der

kleinen   abwenden. So merkt er

kaum, dass die von oben

ein  über ihn werfen.

Das  ist gerettet und der

staunt: Wer hätte gedacht, dass

seine kleine  sogar einen

zähmen kann?

Florina Ballerina

Nanu, was knurrt denn da so laut?

Ist das etwa ein großer  oder gar

ein 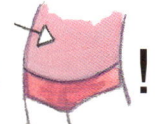? Nein, das ist Florinas 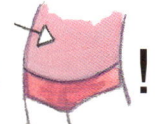!

Die kleine  muss dringend etwas

essen! Ob  Hans eine  oder

ein paar  für sie hat? Vielleicht

gibt es sogar frisch gebackene ?

Florina eilt zur . Sie späht

durch die . Ah, da ist Hans ja!

Aber der  bemerkt die kleine

nicht. Er tanzt nämlich gerade! Mit

einem , quer durch die !

Na, so was!

Florina macht große . Dann

platzt sie heraus: „Hans, du kannst

ja tanzen!" Der  lässt erschrocken

den  fallen. „R...r...richtig",

stottert er dann errötend. „I...i...ich

gehe nämlich auch in eine  ."

Da fragt die kleine  verwundert:

„Warum hast du mir das denn nicht

erzählt?" Verlegen blickt der

auf seine 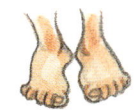 . Dann sagt er leise:

„Ich dachte, du findest es albern,

wenn ein  tanzen lernt."

Die kleine  schüttelt den ,

dass ihre  nur so fliegen.

„Aber nein!", ruft sie. „Ich freue

mich! Jetzt können wir zusammen

tanzen!"

Da strahlt  Hans von einem  zum anderen. Er nimmt die  bei der  und wirbelt mit ihr durch die , dass die  auf dem  nur so scheppern.

„Was meinst du?", ruft er dann

begeistert. „Sind wir reif für die

große 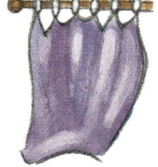?" Die kleine  lacht.

„Na klar! Also,  auf für Hans

und Florina, die fröhlichsten

der !

Aber vorher hätte ich gern noch

eine leckere  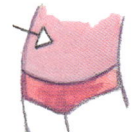, sonst ist mein

knurrender ![Magen] viel lauter als

die 🎻🎻 …"

Die Wörter zu den Bildern:

 Erdbeeren

 Prinzessin

 Gärtner

 Schloss

 Rosen

 Ohr

 Königin

 Torte

 Luftballons

 Kerzen

 König

 Bienenstock

 Thron

 Koch

 Kopf

 Küchenjunge

Geschenk

 Puppe

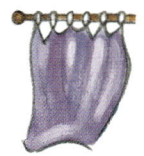 Vorhang

 Ring

 Tänzer

 Schuhe

 Bühne

 Feuerwerk

 Augen

 Papagei

 Sterne

 Clowns

 Zimmer

 Herz

 Wand

 Ballett

 Spiegel

 Nussknacker

 Ballettstange

 Tänzerin

 Dach

 Tutu

 Gesicht

 Strumpfhose

 Fenster

 Ballettschuhe

 Drache

 Drehung

 Baum

 Po

 Feuer

 Tomate

 Männer

 Ballettschule

 Schwert

 Mädchen

 Rüstung

Geige

Tür

Turm

Besen

Netz

Füße

Bär

Junge

Wolf

Locken

Bauch

Hand

Banane

Töpfe

Kekse

Herd

Küche

Welt

Katja Reider, geboren 1960, hatte selbst lange Zeit Ballettunterricht und träumte sogar mal davon, Ballerina zu werden. Aber dann studierte sie Germanistik und Publizistik und arbeitete viele Jahre als Pressesprecherin des Wettbewerbs *Jugend forscht* – bis sie zu schreiben begann. In rascher Folge entstanden zahlreiche Kinder- und Jugendbücher, die in viele Sprachen übersetzt wurden. Katja Reider lebt mit ihrem Mann und ihren beiden Kindern in Hamburg.

Mehr über die Autorin erfahrt ihr unter: www.KatjaReider.de

Eva Czerwenka wurde 1965 in Straubing geboren. Nach dem Abitur studierte sie an der Münchener Kunstakademie Bildhauerei. Bereits während dieser Zeit entstanden ihre ersten Kinderbuch-Illustrationen. Doch die Liebe zum Modellieren hat sie nicht verloren. Wenn sie mal gerade nicht vor dem Zeichentisch sitzt, formt sie am liebsten Tiere aus Ton.

In der Reihe Bildermaus erzählen vier kurze Geschichten
von den Abenteuern einer liebenswerten Figur, von einem
spannenden Schauplatz oder von wichtigen Festen des Jahres.
Im Text werden alle Hauptwörter durch kleine Bilder ersetzt,
die schon Kinder ab 5 Jahren beim gemeinsamen (Vor-)Lesen
erkennen und benennen können. Mit der Bildermaus wird das
Lesenlernen zu einem wirklich spannenden Vergnügen.

Die 1. Stufe
der Loewe Leseleiter

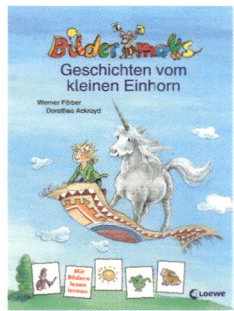